Meu DIÁRIO mágico

Com uma caneta especial

LIVROS MAGIC

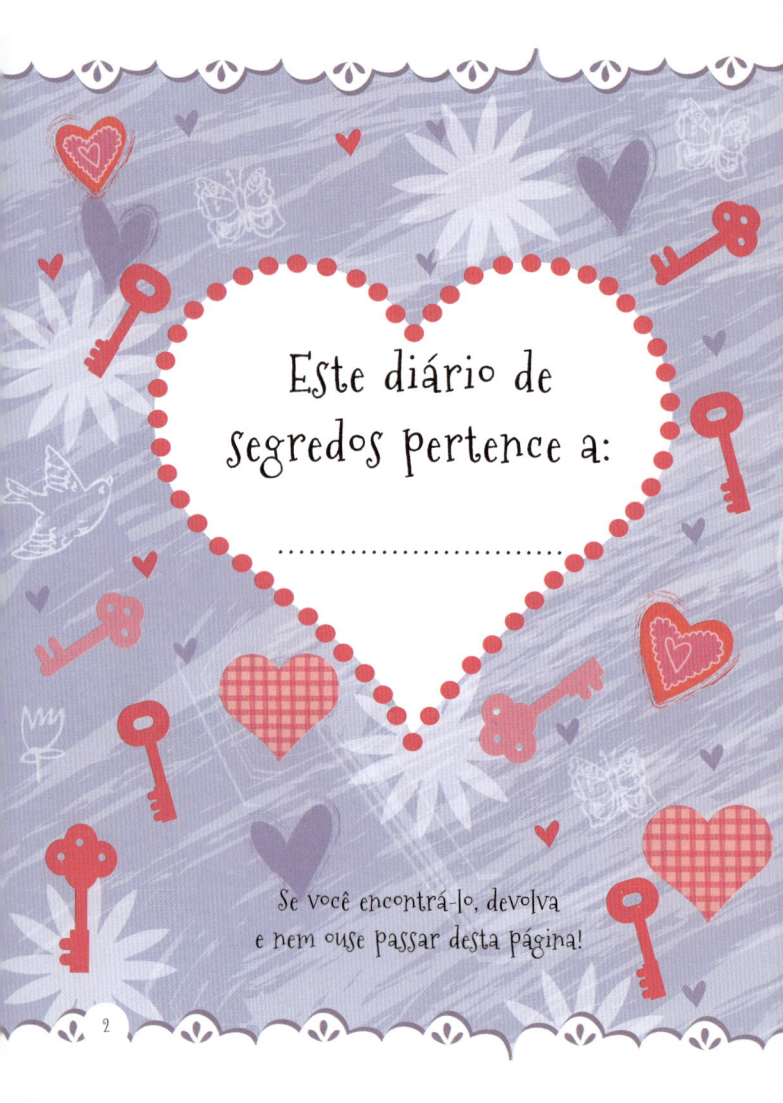

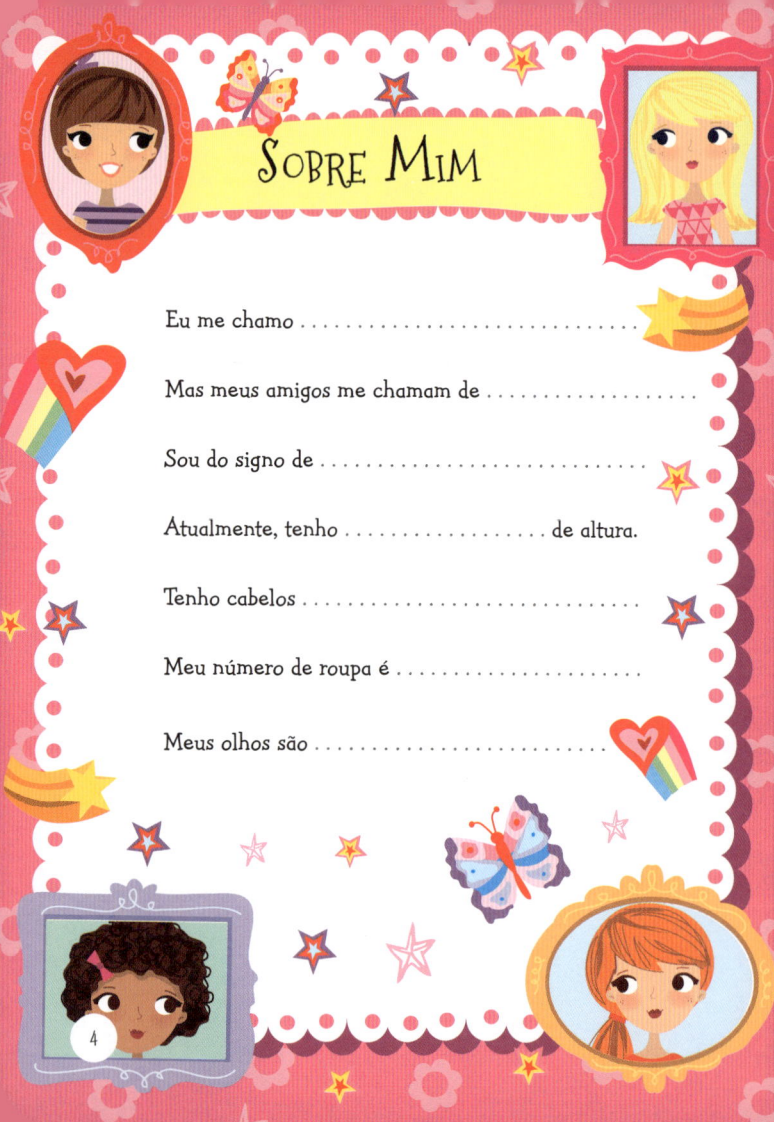

Sobre Mim

Eu me chamo ....

Mas meus amigos me chamam de ....

Sou do signo de ....

Atualmente, tenho .... de altura.

Tenho cabelos ....

Meu número de roupa é ....

Meus olhos são ....

Minhas Coisas Favoritas

Eu amo ....
....
....

E, às vezes, eu amo ....
....
....
....
....

Como Eu Sou

Acho que eu sou...

○ Tranquila ○ Ansiosa ○ Alegre
○ Tímida ○ Engraçada ○ Sincera
○ Pensativa ○ Brincalhona
○ Estressada

No fim de semana, eu adoro ....
....

Meus melhores amigos são ....
....

Eu e meus melhores amigos adoramos ....
....

Alguns Segredos Meus

Estes são meus maiores segredos:
(Eles são ultrassecretos, ninguém pode descobri-los!)

1. ....
....
2. ....
....
3. ....
....
4. ....
....
5. ....
....

Amigas Fantásticas

Com que personagem dos contos de fadas
VOCÊ é mais parecida?

Chapeuzinho Vermelho – Gentil

Chapeuzinho Vermelho não pensou duas vezes
quando sua mãe lhe pediu para levar os doces para
a vovó, que mora do outro lado da floresta.
Você também gosta de ajudar as pessoas,
independentemente da dificuldade da tarefa.

Bela (A Bela e a Fera) – Corajosa

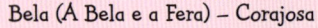

Bela não teve medo de Fera e se ofereceu para
ficar no lugar de seu pai. Você também tem
coragem de sobra para encarar os desafios que
surgem, mesmo sem saber o que vai acontecer.

A Pequena Sereia – Exploradora

Você gosta de viajar e conhecer lugares
novos, assim como a Pequena Sereia,
que sempre explorava o oceano
e queria conhecer a superfície.

Cinderela – Sonhadora

Cinderela era maltratada, mas, mesmo assim, sempre acreditou em seus sonhos. Assim como a princesa, você é sonhadora e sempre corre atrás de seus objetivos.

Branca de Neve – Organizada

Você gosta de tudo no seu devido lugar e se esforça para manter suas coisas organizadas, assim como a Branca de Neve passou a deixar a casa dos anões arrumadinha enquanto morava com eles.

Alice – Criativa

Alice embarcou em uma fantástica viagem, dando asas à imaginação. Você também é muito criativa, tem grandes ideias e está sempre inventando coisas novas.

Família Especial

Minha família é única porque:

....
....
....
....

Na minha família, gostamos de:

....
....
....
....
....

LAR, DOCE LAR

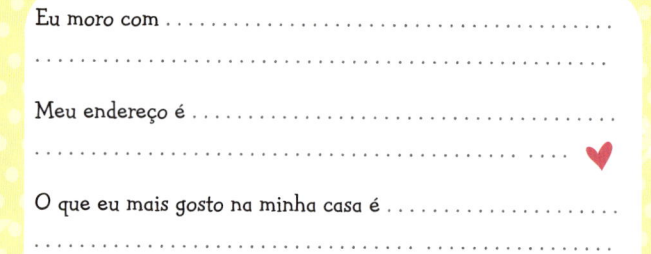

Eu moro em:
- ○ casa
- ○ apartamento

Eu moro com ....
....

Meu endereço é ....
....

O que eu mais gosto na minha casa é ....
....

O que eu menos gosto na minha casa é ....
....

MINHA FAMÍLIA

Minha mãe se chama
....

Eu a amo porque
....
....

Meu pai se chama
....

A maior qualidade dele é
....
....

Irmãos e irmãs:
○ Tenho .... irmão(s).
○ Tenho .... irmã(s).
Ele(s)/Ela(s) se chama/chamam
....
....
....

○ Sou filha única!

Eu acho que meu(s) irmão(s) é/são ....
....

Eu acho que minha(s) irmã(s) é/são ....
....

O QUE EU COMO

Meu café da manhã:    Na hora do almoço:

....
....
....

Lanche da tarde: Meu jantar:

....
....
....

MEUS PREFERIDOS

Minha comida preferida com toda certeza é ....
....
....
....

Eu sei cozinhar
....

Esta é a receita: ....
....
....
....
....
....
....

Esportes

Meus três hobbies favoritos são:

1. ....
2. ....
3. ....

Meus três esportes favoritos são:

1. ....
2. ....
3. ....

Eu adoraria aprender a praticar ....

.... porque ....

....

Eu Gosto

Livros:
1. ....
2. ....
3. ....
4. ....
5. ....

Filmes:
1. ....
2. ....
3. ....
4. ....
5. ....

Músicas:
1. ....
2. ....
3. ....
4. ....
5. ....

Programas de TV:
1. ....
2. ....
3. ....
4. ....
5. ....

Para Visitar na Internet

Site: ....
....
Eu adorei porque ....
....

Site: ....
....
Eu adorei porque ....
....

Site: ....
....
Eu adorei porque ....
....

Site: ....
....
Eu adorei porque ....
....

Site: ....
....
....
Eu adorei porque ....
....

Site: ....
....
....
Eu adorei porque ....
....

Site: ....
....
....
Eu adorei porque ....
....

Site: ....
....
....
Eu adorei porque ....
....

Site: ....
....
....
Eu adorei porque ....
....

Site: ....
....
....
Eu adorei porque ....
....

Bom e Mau

Eu amo quando as pessoas são
....
....
....

As características de que eu mais gosto são
....
....
....

As características de que eu não gosto são
....
....

O que eu mais gosto nos meus amigos:
....
....

Meu Dia

Querido diário, hoje meu dia foi

MELHOR AMIGA

Tudo que você precisa saber sobre a minha melhor amiga!

Nome: ....

Apelido: ....

Idade: ....

O que adoramos fazer: ....
....

Se quiser tirá-la do sério, é só ....
....

Ela é minha melhor amiga porque ....
....

A melhor experiência que tivemos juntas

foi quando ....
....

Pessoas Especiais

Nome: ....
Idade: ....
Gosto dele(a) porque: ....
....

Nome: ....
Idade: ....
Gosto dele(a) porque: ....
....

Nome: ....
Idade: ....
Gosto dele(a) porque: ....
....

Nome: ....
Idade: ....
Gosto dele(a) porque: ....
....

Nome: ....
Idade: ....
Gosto dele(a) porque: ....
....

Nome: ....
Idade: ....
Gosto dele(a) porque: ....
....

Grandes Amigos

Como é um amigo de verdade?

1. Ele sempre guarda os segredos e nunca conta para ninguém.

2. Ele ouve suas histórias e dá bons conselhos.

3. Ele trata você com carinho, respeito, educação e adora estar ao seu lado.

4. Ele não se importa em dividir as coisas dele com você.

5. Vocês riem e choram juntos. Seus amigos estão presentes nos bons e nos maus momentos.

ANIVERSARIANTES

Tenha certeza de que você não vai se esquecer de ninguém!

Janeiro
....
....
....

Fevereiro
....
....
....

Março
....
....
....

Abril
....
....
....

Maio
....
....
....

Junho
....
....
....

Na Escola

Estas são minhas matérias preferidas:
....
....
....
....

Matérias de que não sou tão fã:
....
....
....

Professores que eu adoro: ....
....
....

A melhor nota que já tirei:
....
....

Matéria: ....
....

A pior nota foi:
....
....

Matéria: ....
....

Praia, Campo ou Cidade?

Qual é o seu perfil? Marque-o com um X.

( ) Cidade grande

Você adora saber que há muitas pessoas e ruas movimentadas ao seu redor. Quanto mais restaurantes, parques e lojas, melhor para você!

( ) Praia

Sol, areia e um belo banho de mar fazem mais seu estilo. Jogar vôlei na praia, mergulhar nas ondas ou simplesmente caminhar à beira do mar são atividades que você poderia fazer todos os dias.

( ) Campo

Ouvir o canto dos pássaros e sentir o cheiro de terra molhada é uma ótima maneira de começar o dia para você. Você fica muito mais feliz quando está cercada pela natureza.

Bem Acompanhada

O passeio ideal para fazer com a família:
....
....
....
....

O passeio ideal para fazer com os colegas da escola:
....
....
....
....

O passeio ideal para fazer com os melhores amigos: ....
....
....
....
....

Na Memória

Às vezes, determinados perfumes ou cheiros nos fazem lembrar lugares ou pessoas especiais.

Quando eu sinto o cheiro de ....,
eu me lembro ....
....

Quando eu sinto o cheiro de ....,
eu me lembro ....
....

Quando eu sinto o cheiro de ....,
eu me lembro ....
....

Meu cheiro preferido é: ....
....

Meu perfume predileto é: ....
....

Espirre aqui um pouco do seu perfume preferido.

Viagem Especial

A MELHOR viagem que já fiz foi para ....
....

Eu fui com ....
....

Eu amei essa viagem porque ....
....
....

Cole aqui uma foto da viagem!

Viagem dos Sonhos

Lugares que gostaria de conhecer no Brasil:
....
....
....

Lugares que gostaria de conhecer fora do Brasil:
....
....
....

As férias perfeitas seriam:
....
....
....
....
....
....
....

Meu Dia

Querido diário, hoje meu dia foi . . . .

ÚLTIMAS TENDÊNCIAS

Estas peças NÃO podem faltar no meu guarda-roupa:
....
....
....

A combinação ideal para...
Ir à escola: ....
....

Encontrar com as amigas: ....
....

Ir a uma grande festa: ....
....

Meu Look

Eu adoro este visual!

Cole aqui uma foto sua
com um visual de arrasar!

Espelho, Espelho Meu

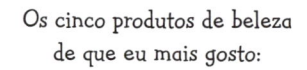

Os cinco produtos de beleza
de que eu mais gosto:

1. . . . .
2. . . . .
3. . . . .
4. . . . .
5. . . . .

Dicas de beleza

✿ Use protetor solar todos os dias, mesmo que não esteja ensolarado.

✿ Nunca durma de maquiagem.

✿ Lave o rosto pelo menos três vezes ao dia e prefira água fria, pois ela ajuda a diminuir a oleosidade da pele.

✿ Beba muita água e tenha uma alimentação saudável, comendo frutas e vegetais.

Meu Dia

Querido diário, hoje meu dia foi ……………………

BICHOS FOFOS

○ Eu não tenho animais de estimação.

○ Eu tenho animais de estimação.

Nome: ....

Idade: ....

Meu bichinho de estimação dos sonhos seria:

....

....

O nome dele(a) seria:

....

....

FOFURA

Cole aqui fotos do seu animal de estimação ou dos animais que você acha fofos.

Meu Quarto

O que eu mais gosto no meu quarto é ....
....
....

Não gosto quando entram no meu quarto e ....
....

Cole aqui uma foto do seu quarto.

Eu gostaria de ter no meu quarto ....
....

Reforma dos Sonhos

Se pudesse mudar meu quarto,
isto é o que eu faria:

Pintaria da cor ....

....

Compraria novos(as) ....

....

Enfeitaria as paredes com ....

....

Escolheria cortinas ....

....

Na porta, eu penduraria uma placa com a frase:

....

....

MEUS ÍDOLOS

Pessoas que me inspiram:

Na minha família

Nome: ....
....
Por quê? ....
....

Entre meus amigos

Nome: ....
....
Por quê? ....
....

Na TV

Nome: ....
....
Por quê? ....
....

Na música

Nome: ....
....
Por quê? ....
....

Novos Hobbies

Marque com um X a opção que mais combina com você!

Eu adoraria aprender a tocar:

- ○ Violão
- ○ Bateria
- ○ Guitarra
- ○ Saxofone
- ○ Piano

Tenho vontade de aprender a:

- ○ Pintar
- ○ Desenhar
- ○ Esculpir

Eu gostaria de aprender a dançar:

- ○ Balé
- ○ Samba
- ○ Sertanejo
- ○ Salsa
- ○ Dança de salão

RECORDAÇÕES

Ingressos de cinema, papéis de bombom e fotos nos fazem lembrar pessoas importantes e lugares em que já estivemos!

Por que você não cola aqui algumas dessas recordações?

47

Querido Diário...

Muito obrigada por guardar
todos os meus segredos.

Com amor,

....